Natura Nebula

von

Christoph Schommer

.∴.

Ein Fantasiestück in acht Bildern .:.

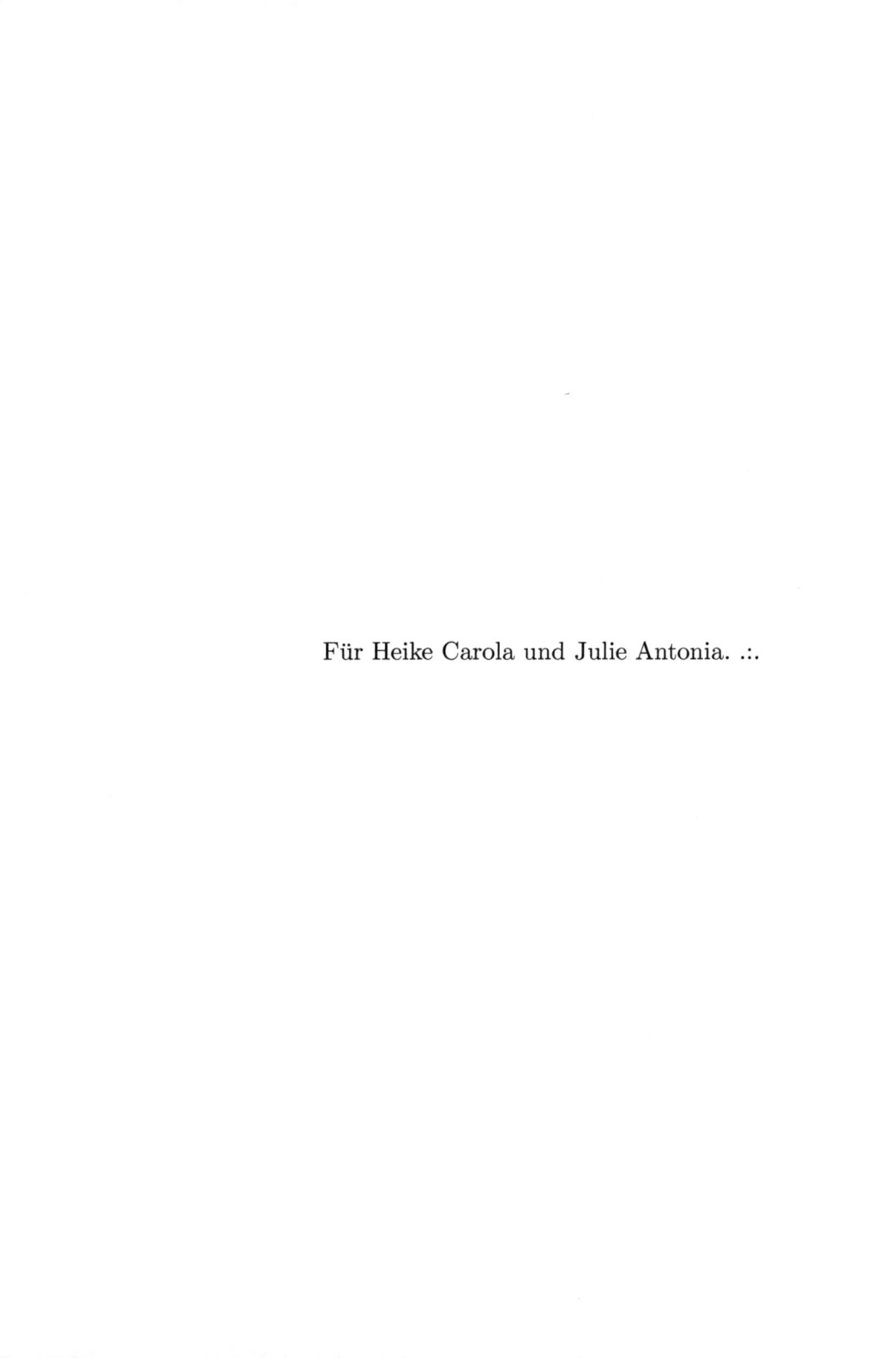

Für Heike Carola und Julie Antonia. .:.

Mitwirkende

.:. *Unser Held (in der Rolle des (Un)Glücklichen, des Wanderers, und des Aufwachenden)*

.:. Natura (in der Rolle des Fremden, des Reiters, der Blume, der Kanka, des Waldes)

.:. Faunus, ein Naturgeist, Ihr Sohn

.:. Flora, ein Naturgeist, Ihre Tochter

.:. Rebchen, des Wanderer's Rettung

.:. Verschiedene Traumgestalten (Hund, Vöglein, Reh, Blümchen, Männer und Frauen)

Inhalt

.:. Am Morgen

[Erstes Bild. An einem schönen Morgen betrachtet Natura, die ganz in Gedanken vertieft ist, die Welt. Sie singt]:

Natura

Es weht der Wind ganz sanft am Morgen,
weil Natura ohne Sorgen,
Ruhe und Gelassenheit
nicht befinden sich im Streit.

Natura [hört auf zu singen und wendet sich Faunus und Flora zu]:

Grüß' Dich Faunus, Grüß' Dich Flora,
heute wieder mit Labora?
Seid bereit für einen Spaß,
zu erzählen ich vergaß?

Natura

Kennt Ihr diesen Narren nicht,
über den Natura spricht?

Der sich keiner Sache stellt,
niemals hat die Zech' geprellt?

Natura

Diesen, diesen kleinen Narren,
will ich heut' zum Manne machen,
sende meine Grüße zu.
Sei er mein! Ganz flugs! Im Nu!

Natura, singend.

Es weht der Wind ganz sanft am Morgen,
weil Natura ohne Sorgen,
Ruhe und Gelassenheit
nicht befinden sich im Streit.

Faunus und Flora [schauen etwas fragend; entsetzt.]:

Nein, oh' Mutter, lass' es sein!
Nicht diesen Unglücklichen! Nein!
So lass' ihm seine Lethargie!
Egal es ist, er schafft's doch nie.

Faunus und Flora
Lass' ihn zweifeln, lass' ihn weinen,
lass' ihm einen Geist erscheinen!
Der ihm sagt, wohin es geht,
und danach von Dannen zieht!

Natura; danach Faunus und Flora
Ihr glaubt doch nicht, ich lass' ihn los?
Ein solcher Tor? Er sei famos!
Du Mutter sei dem Kinde mild':
er trägt noch nicht des Mannes Schild!

Natura
Nein nein, ihr werdet gleich schon sehn',
da sitzet er, am Brunnen schön.
Ich werd' ihn necken, ganz ganz rasch.
Oh' liebe Kinder: welch' ein Spaß!

Faunus und Flora; es ertönt ein lauter Knall.

Buff, das war ein lauter Knall,
so rufet Sie mit lautem Hall,
die Still' im Nu' wird aufgeschreckt,
der Unglückliche ist geweckt!

*Ein Unglücklicher [Trübsal blasend, sitzt unter einem Baum
und vor einem Brunnen]:*

Sonderbar ist's heut' am Brunnen,
welch' ein Tag ist nur entsprungen?
Was ist das? Ein Affenhaus?
Was für Menschen, die da draus?

*Ein Unglücklicher [lethargisch, zu sich selbst sprechend;
schaut hinüber auf die Menschenmenge]:*

Schnatter, diese Leute drüben,
seh'n nur sich, doch woll'n nichts geben,
laben sich an eitler Lust:
bin geladen, mit viel Frust.

Ein Unglücklicher
Teile nicht das Selbstgehabe,
will auch nicht zu Ihnen traben,
wohl bewusst, dass keiner riecht
was die Sehnsucht in mir spricht.

Ein Unglücklicher [faltet die Hände zum Gebet]:

Natura ist das größt' Vergnügen,
Flora, Faunus, all' Ihr Lieben,
Brüder, Schwester sollt Ihr sein
Zeugen meiner großen Pein.

Ein Unglücklicher
Ihr Vöglein zwitschert in den Ästen,
freut Euch sehr an Euren Festen,
seid befreit von jedem Ringen,
übt Euch fein im täglich' Singen.

Ein Unglücklicher

Sorgt Euch auch um jedes Herz,
auch wenn es pocht, auch wenn viel Schmerz,
gemeinsam zieht Ihr gegen Feinde,
einig' Geist Ihr seid, welch Freude!

Ein Unglücklicher

Oh, wie friedlich Ihr dort weilet,
Euch des Himmels Glücks erfreuet!
könnt ich doch mit Euch nur sein,
Heil' Dir, Leben! Werde mein!

Natura [Nur Ihre Stimme ist zu hören]:

Heh' Du, Du kleine Menschenkraft,
der da steht, dort unter'm Ast.
Zage nicht und sei gefeilt:
lern' die Welt, die dort da weilt!

Natura

Welt, da unten, die ich sehe,
Wege, dort, die ich stets gehe,
Lüfte, reinste Freiheit, ja?
Wolkenspiel und Sonne klar?

Natura

Willst erkunden Dich, willst blicken,
musst Du Deine Seel' erquicken.
Flieg' mit mir und wand're zu
und schließ' die Augen, träum' im Nu'!

Natura

Lass' Dich von den Träumen leiten,
glaube, spreche, lass' Dich gleiten,
in Dein tiefstes Träumemeer:
finde Zuversicht, nicht schwer!

Ein Unglücklicher [Hoffnung schöpfend.]:

Oh' guter Geist, so soll es sein,
ich will nicht zweifeln, stimme ein,
in's Lied, das Dir so sehr gefällt,
und dass mir bringen wird die Welt.

Ein Unglücklicher [in dem er die Augen schließt]:

So schließ' ich meine Augen zu,
und träum' in Somnus' edler Ruh',
ich möchte wandern, seien frei,
mein Schicksal Dir gewidmet sei!

.:. Vor dem Dorfe

[Zweites Bild. Der Unglückliche als Wanderer. Er betrachtet eine Landschaft, als er plötzlich einen Mann und einen Hund in der Ferne erkennt.]:

Wanderer [vor sicher her flüsternd; er beobachtet einen Mann, der eine Tasche mit sich trägt.]:

Er schnauft ganz kräftig, sonderbar,
im Angesicht des Fremden.
Er neigt den Schwanz, er senkt sein' Haar,
er zeigt die Zähn' zum Senden!

Wanderer
Der Fremde steht, ganz starr und steif,
er weiss nicht, was zu tun.
Fast regungslos, im Grau des Reif',
kein Mut, er kann nicht ruh'n.

Fremder/Natura [Natura erscheint in der Rolle des Fremden und spricht mit dem Hund.]:

Hinweg mit Dir und weiche fort,
hinweg, zu Deinem Herren!
Er dankbar ist, ich geb' mein Wort,
sonst seine Peitsch' Dich zerren.

Wanderer [beobachtend]:

Da ist noch diese Tasche dort,
ganz schwarz, die unscheinbare,
er hält sie fest, an jenem Ort,
mit kalter Hand, der Arme!

Wanderer

Ganz fest', er hält sie mit der Hand,
die Tasch', als wärs sein Leben,
das er in Händen hält, ein Pfand,
wird weg er niemals geben.

Fremder/Natura [Der Wanderer schaut verdutzt. Meint der Fremde etwa ihn?]:

So hilf' mir Wand'rer, komm' herbei!
Entgegne diesen Wahnen!
Des wilden Tieres Raserei,
nicht länger ich kann tragen!

Wanderer [vor sich hersagend; ist unschlüssig seiner Verantwortung, wartet ab.]:

Des Hundes' Klang schallt weiter fort,
welch' Teufel! Gütiger!
Der Fremde schnauft, es hallt sein Wort:
Oh' Rettung, Himmlischer!

Wanderer [Gelöster]:

Da! Endlich wird' sein Wunsch gehört,
die Männer, viel der Zahle,
zu halten den, der sehr verstört,
zu retten ihn vor Quale!

Fremder/Natura [sich langsam hinfort bewegend.]:

Der Rettung nah', ich danke Dir:
gepriesen Herr! So bleibe!
Und ihr, Ihr Freunde, haltet mir,
den Höllenhund vom Leibe!

Wanderer [Erkennt, dass der Fremde ein Dieb ist.]:

Doch rennt er fort, der Hund ihm nach
und fasst ihn an den Beinen!
Ein Dieb er ist! Der Hund bleibt noch
und wartet auf die Seinen.

Wanderer [Mit Bewunderung.]:

Ganz leise, nun, der Hund sich gibt,
in seinem Atem Stille,
er schleicht herum, die Wach' er schiebt,
und folgt des Herren Wille.

Fremder/Natura; dann Wand'rer [letztes Aufbäumen, doch die Entscheidung ist gefallen]:

Oh' Hilfe, Wand'rer, hilf' mir schnell,
so sei ein tapf'rer Manne!
Ich kann nicht, will nicht, mich hier stell'n,
dem diesen falschen Banne.

Wanderer [mit entschlossener Stimme]:

Du Fremder Du, ein Frevler bist,
ein Dieb bist Du, gestehe!
Ein Nein zu Deiner letzten List,
Leb' wohl, bekenn' und sühne.

Du Fremder Du, oh' welche Lust,
Gefangen bist Du! Reue!
Viel Zagen, Klagen, Weinen, Frust,
sei Dank des Hundes Treue.

.:. Der Reiter

[Drittes Bild. In einer kargen Landschaft sitzt der Wanderer auf einem Fels und sieht in die Ferne. Er bemerkt einen blutüberströmten Reiter, der auf ihn zureitet]:

Wanderer [flüsternd]:

Hopp, und immer wieder weiter,
reitet dort der schmucke Reiter.
Flüchtend sieht man ihn daher.
Voll beladen, trunken, schwer.

Wanderer [erkennt in dem Reiter einen Ritter des Königs]:

Ritter, er, von Richard's Gnaden,
rot sind sie, die seine Farben,
schwebte aus, zu heil'gen Pforten,
für den König – und zum Morden.

Wanderer
Hat' geschworen mit dem Leben,
dienen, und nach Ehr' zu streben,
dass das Wahre und die Güte,
immer sei des König's Blüte.

*Reiter/Natura [Natura, in Gestalt des Reiters, hat mittlerweile
den Wanderer erreicht]:*

Heh', Du, Wand'rer, komme her!
Und reiche Deine Hände mir.
Schreibe schnell den Deinen Namen
auf des Königs Bannerwagen!

Reiter/Natura
Verflucht sie sind, des Heinrich's Leute,
falsche, undankbare Bräute,
die dem Vaterlande drohen,
nicht der Königsgnade frohnen.

Reiter/Natura
Sollst mit Schwerter Ruhm erwerben,
niemals je vor Hunger sterben,
streiten für das uns're Land,
gen Bosworth gehen, Hand in Hand!

Wanderer [entscheidet sich sofort dagegen]:

Viel' reichlich Dank, mein edler Herr,
Vertrauen fällt mir hier sehr schwer.
Zu kämpfen für des König's Ziel,
will heißen durchaus viel zu viel.

Wanderer
Ich kann nicht streiten rings umher,
auch mit des Königs Schwert und Speer,
denn dien' ich diesem einen Herrn,
der schützt und liebt in jeder Fern'!

Reiter/Natura [Entsetzen. Kann es einen höheren geben als
den König?]:

Du frevelst also Richard an?
so hat er Dir ein Leid getan?
So hat er nicht in jeder Not,
gegeben Dir ein Laibchen Brot?

Reiter/Natura

So ist er nicht ein frommer Mann,
dem man auch stets vertrauen kann?
So ist er nicht ein guter Freund,
und über ihm der Herrgott weilt?

Reiter/Natura

So nenne mir, den Deinen Herrn!
Es Heinrich ist, der nicht mehr fern?
Oh', Wandrer, schnell, ich sehe Schmerz.
Mein Schwert, es will das Deine Herz!

Wanderer [ganz in Demut entschwunden, weist der Wanderer
des Ritter's Anliegen erneut zurück]:

> Der Herrgott selbst ist, dem ich dien',
> seit mir der Sonne Glanze schien,
> er ist's, dem Richard hat geschwor'n,
> an dem er hat die Kron' verlor'n.

Wanderer

> Du Streiter, nun, so komme her!
> Und reiche Deine Hände mir.
> Und schreibe Du den Deinen Namen,
> auf des Gottes Bannerwagen!

Wanderer [fordert vom Reiter die Reue für dessen Missetaten]:

> Gehe nun, die Beine schnell,
> und renne zu des Wasser's Quell,
> zu laben dort für Gottes Gnade,
> und bereuen Sünder's Pfade.

.:. Am Wegesrand

[Viertes Bild. Der Wanderer durchwandert ein Tal, als er
plötzlich Blumen (Natura) am Wegesrand erblickt.]:

Wanderer [von der Schönheit überwältigt; spricht laut.]:

Dort steht ganz golden, wohlgewandt,
zu schön, um hier zu sühnen.
Ein lieblich' zärtlich' Blütenband,
am Wegesrand', im Grünen.

Wanderer

Es duftet, riecht ganz zärtlich süß,
als wolle es mir sagen,
Dir einen feinen, herzlich' Gruß,
so mag Dein Wunsch Dich tragen!

Wanderer

Die Welt - oh' welch' ein Sonnenschein,
so fühl' ich mich, hiernieden,
Du Blümelein, so zart und rein,
ich wünsch' mir Deinen Frieden!

Wanderer

Oh' Leben, welche große Lust,
nun lass mich weg hier reiten,
Du, Blümelein, Du willst, Du musst,
mich immerzu begleiten!

Wanderer

So sei jetzt mein, nur mein allein,
und gebe nie mehr forte.
Unendlich' blüh' und sing' schön fein,
an keinem fremdlich' Orte.

Wanderer [fest entschlossen, die Blume zu pflücken.]:

So blühe fortan, ohne Reu',
und bleib' in meinen Blicken!
Du sollst, Du musst, Du wirst Dich freun'!
Entfache mein Entzücken!

Wanderer [nachdenklich; zu sich selbst sprechend; sich seiner Sache nicht mehr sicher.]:

Doch soll ich steigen ab vom Ross',
zu knien vor ihm nieder?
Soll pflücken es für einen Kuss?
Mein Blick wird flieh'n nicht wieder?

Wanderer [wirkt erlöst; überzeugt, richtig zu handeln]:

Mein Gott, was tät' ich dummer Tor?
Zu nehmen ihm den Atem!
Würd' sterben, taumeln, fallen vor,
verblasst, verwelkt, verraten.

Wanderer [sehr befreit; spricht mit der Blume]:

So bleib' dort steh'n, erfreu' die Welt
erquicke jedes Wesen!
Und blühe unterm Himmelszelt
dass jeder wird genesen!

.:. Hexentanz

[Fünftes Bild. Der Wanderer passiert eine Höhle, in der er sich vom Wandern ausruhen will. Er erblickt ein hexisches Wesen. Er hält inne. Natura, in der Rolle der Kanka, bereitet sich gerade eine Suppe zu, als sie den Wanderer erblickt und zu singen beginnt]:

Kanka/Natura (singt)
Kanka, Kanka, Kankrala,
welche Freude, wunderbar,
Wurzel, Kräuter, Hinkebein,
sollst für immer meine sein,
keine Gnade, kein Erbarmen,
nie mehr fort, in Kanka's Namen.

Gottherr, Gottherr, eins, zwei, drei,
Zwiebelkraut und Spinnenbrei,
Schlangengift und Primelblatt,
Eitersaft und Nimmersatt,
mach' ich mir ein Supidum,
lecker mit Versicherung.

Dazu noch das menschlich' Haar,
heute, morgen, wie es war,
Ohrensaft und Tränenglut,
will ich würzen, meine Brut,
für die Freude, mein Begehren,
dreizehn Finger, soll'n es mehren.

Salz, Vanille, Zucker, Rippe,
nichts für meine hexisch' Sippe,
nur die Gier, der Neid, der Hass,
dienen mir als Metermaß,
weg mit Hoffnung, Lob und Sein,
her mit Plage, Schrei' und Pein.

Zwanzig Jahr', nun bin ich hier,
hab' gelacht, hab' heizen für,
hab' getrunken, hab' gehext,
hab' gestohlen, nie entsetzt,
ward' befördert, oft im Rahmen,
kam hervor, drei Teufels Namen.

Will ich, kann ich, muss ich sein,
diesen Leuten, dunkle Pein,
komm' hervor, du Höllenbrut,
werde gar, in Deiner Glut,
werde süß, ganz zart und rein,
will' die Menschen kochen fein.

Ja, oh ja, es zieret sich,
dunkel, stinkend, wehret nicht,
fehlt noch Blut, im Überfluss,
muss ich kriegen, welch' Genuss,
dann ist's fertig, süßer Brei,
Wandrer, komm und mach Dich frei!

Mensch, ob Frau, ob Mann, ob Kind,
komm als Nächster, nur gschwind',
renne, was des Läufers ist,
weine, was des Weibes riecht,
niemals sollst Du gehen fort,
bleiben ewig, hast mein Wort.

Wenn ich hexen kann auf Erd',
will ich singen meine Mähr,
will erzählen, all' die Qual,
die bereitet hab', fürwahr,
mit Vergnügen, List und Kraft,
immer willig, stets bedacht.

Kanka/Natura.
Kanka, Kanka, Kankrala,
diese Freude, Wunderbar,
Wurzel, Kräuter, Hinkebein,
sollst für immer meine sein,
keine Gnade, kein Erbarmen,
nie mehr fort, in Kanka's Namen.

[Kanka/Natura läuft auf den Wanderer zu und versucht ihn zu greifen. Dieser aber weicht zurück. Er läuft davon.]:

.:. Waldesrufen

[Sechstes Bild. Der Wanderer steht einem Waldstück.]:

Wanderer

An diesem schönen Tage,
steh' ich dem Walde vor.
Beladen voll von Plage,
hier bin ich, armer Tor!

Wanderer

Ich schließe meine Lider,
empfang' – doch leise hört:
es duftet so nach Flieder,
nach Glück, das keinen stört.

Wanderer

Die Stille ist versprochen,
welch' Freude ist gerührt,
mein Herz, es will so pochen!
welch' Frieden man verspürt!

Wanderer
Ich renn' mit schnellem Schritte,
zum Walde, göttlich' rein!
ich steh' in seiner Mitte,
will immer mit ihm sein!

*Wanderer [feierlich sprechend, da sehr berührt von der
Schönheit des Waldes]:*

Ihr Bäume, Felder, Wiesen,
oh' Flora, welche Lust!
Wie schön, so seid gepriesen!
Empfangt' den Treuekuss!

*Wanderer [dann: nachdenklich, da er seinen Name im
Rauschen der Blätter hört]:*

Wie ruhig, sanft, die Meere,
doch ist's, als ob er spricht!
Gedanken voller Heere,
der Wald, er rufet mich!

Wald/Natura [Natura, in der Rolle des Waldes, verführerisch daher gleitend. Man sieht nur eine Silhouette]:

Oh' komm, oh' komm, Gebieter!
Entdecke die Natur!
Tritt ein, tritt ein, Geliebter!
und folge meiner Spur!

Wald/Natura

Sollst bleiben unter Linden,
Juwel in meinem Zelt.
Dein Heim, Du sollst hier finden,
sollst sehen meine Welt.

Wanderer [immer noch sehr gefangen von der Schönheit der Natur]:

Gern will ich, will ich bleiben,
doch nicht des Glück's genug,
wie Du will ich mich reiben,
am Leben, Zug um Zug!

Wanderer [Doch dann zweifelnd; erkennt die Paradoxität
seines Schwures]:

Doch halt! Was kann es werden,
wenn ich, nur hier, zuhaus'?
bis dann, wenn ich muss sterben,
darf ich nie mehr hinaus?

Wald/Natura [entschlossen]:

Mein Held, mein Freund, mein Bruder!
so freu' Dich, immerzu!
und nimm' des Schickal's Ruder,
und ruf: mein Wald, nur Du!

Wald/Natura [wohlwollend wirkend]:

Und spüre keine Sorgen,
Dein Herz im Grün des Glücks,
sei's gestern, heute, morgen,
Auf Dich! Auf Mich! Auf Styx!

Wanderer [immer mehr zweifelnd. Erkennt mehr und mehr
seine wirkliche Sehnsucht und kann dies auch fassen.]:

Ist hier ein gutes Sternchen?
Das immerzu mich liebt?
Ist hier das sanfte Rebchen?
den Sinn des Lebens gibt?

Wanderer [ist sich seiner im Klaren. Wirkt entschlossen.]:

Ach' Wald, was tat ich Sünder?
gab' Dir mein Treuepfand,
muss büßen nun,' ich Blinder,
muss gehen Dir zur Hand!

Wald/Natura
Genieß', genieß' Dein Leben,
vernimm' die Wunder fein,
doch eine Wahl will geben,
dann sollst Du meine sein!

Wald/Natura
Musst finden eine Rebe,
Dich liebt aus reinstem Herz!
will eine Stund' Dir geben,
musst spüren Liebesschmerz!

*Wanderer [Stellt sich dem Ganzen; fasst seinen Mut und
schreitet voran]:*

Nun kann ich mich nicht winden,
will suchen meine Gnad'!
will wollen und will finden,
will schreiten gleich zur Tat!

Wanderer
will beten, hoffen, glauben,
will wagen, will vertraun',
will' alle Kraft mir rauben,
auf Gottes Gnad' will bau'n.

Wanderer

Da bist Du, meine Blume!
wie schön im Morgenschein,
willst' dienen mir zum Ruhme?
Willst' lieben mich recht fein?

Wanderer

Niemals wirst Du verlassen,
niemals Du sein allein,
die Liebe nie verblassen,
Du golden Sonnenschein.

Blümelein [Singend]:

Oh' Wand'rer, welch' Entzücken,
Du schenkest herzlich mir,
Dein' Wunsch, den kann ich blicken,
doch nie erfüllen Dir!

Blümelein
Niemals will Liebe schenken!
Der Wald, mein höchstes Gut,
an ihn nur will ich denken,
find' Du 'ne andre Glut!

Wanderer [wirkt enttäuscht, aber gefasst.]:

Wie gern' würd' ich sie küssen,
so süß, so sanft, so pur.
Doch will ich's lieber lassen,
Du Wunder der Natur.

Wanderer
So bleib' zurück im Glanze,
wie schad', Du bist so schön!
Gegrüßt, Du teure Pflanze,
so soll's halt nicht geschehn!

Wanderer

Die Zeit ist fast vergangen,
welch' Staunen, Himmelbett!
Zwei Vöglein, dort, die prangern,
im lieblichen Duett.

Wanderer

Du Vöglein, liebes Mädchen,
so sing' mir, zart und rein!
Und spinn' mir Liebesrädchen!
Und folge mir, sei mein!

Vöglein [Singend]:

Oh' Wand'rer, welch' Entzücken,
Du schenkest herzlich mir,
Dein' Wunsch, den kann ich blicken,
doch nie erfüllen Dir!

Vöglein

Niemals will Liebe schenken!
Der Wald, mein höchstes Gut,
an ihn nur will ich denken,
find' Du 'ne andre Glut!

Wanderer [Zum wiederholten Male enttäuscht, aber gefasst.]:

Wie klar im Klang der Reime,
es deutlich in mir spricht.
Sie sei' niemals die Meine,
die Hoffnung geb' ich nicht.

Wanderer [panisch]:

Oh' Faun', so zeig' die Wege,
und führe mich zum Ziel!
Barmherzig sei und rege,
gib' Demut mir, nimm' viel.

Wanderer

Und siehe meine Lüste,
durchströmen mich denn je!
Ich fühl', als dass ich küsste,
dem Faun' sei Dank: ein Reh!

Wanderer [panisches Werben]:

Du freudig' kleines Wesen,
ich bin's, Dein Ehemann!
komm lass' zum Wald uns gehen,
und tritt in meinen Bann!

Reh [Singend]:

Oh' Wand'rer, welch' Entzücken,
Du schenkest herzlich mir,
Dein' Wunsch, den kann ich blicken,
doch nie erfüllen Dir!

Reh

Niemals will Liebe schenken!
Der Wald, mein höchstes Gut,
an ihn nur will ich denken,
find' Du 'ne andre Glut!

Wanderer

Schon wieder nichts auf Erden!
Gespielt ein dritter Streich.
Was kann', was soll' nur werden?
in diesem Paradeich?

Wanderer [zurück zu Lethargie; mutlos]:

So gehe hin, mein Leben,
oh' Zeit, wie rennst Du von!
mein Glück, ein letztes Beben,
der Wald, er kommet schon!

Wanderer

Er kommt! Er kommt und holet,
sein neues Utensil',
Adieu, Adieu! Zum Wohle!
auf dieses Possenspiel!

Wanderer

Sei gnädig mir, dem Narren,
sei gütig, letztes Mal!
Doch lass' mich neu entfachen,
noch vor der süßen Qual!

Wald/Natura [Entschlossen; kommt, um ihn zu holen]:

Nein nein zu Deiner Bitte!
Es sei kein letztes Mal!
So komm' in meine Mitte,
Heil' Schicksal! Wunderbar!

Wald/Natura
Nun komm, oh' komm, Gebieter!
Entdecke die Natur!
Tritt ein, tritt ein, Geliebter!
und folge meiner Spur!

Wanderer, dann Wald/Natura [Situation zuspitzend.]:

Lass' mich's noch einmal wagen,
bevor die Winde ziehn'...
Nein nein, zu Deinen Fragen!
in meine Mitt' sollst gehn'!...

Wanderer, dann Wald/Natura
Kein Held ich bin, kein Bruder,
so gib' mir meine Ruh'!...
Nein, nimm' der Schicksal's Räder,
und ruf: nur Wald, nur Du!...

Sternchen [aus dem Wald hervor tretend; Rettung bringend]:

Heh' Du, ich bin's, das Rebchen!
verlorn' im Walde's Haus
ich lieb' Dich, ich, Dein Sternchen,
sag' ja, sonst ist's gleich aus!

Sternchen

Noch nie, ich wollte schreiten,
den Weg' zu Lieb' und Glück,
doch will ich Dich begleiten,
will nimmermehr zurück!

Sternchen

Doch Tränen sollen zeigen
dass Deine Hand mich hält
ein Kuss' es soll bezeugen,
vor Gott und dieser Welt.

Sternchen

Versprich', mich stets zu lieben,
sei treu' mir bis zum Tod,
dann will ich Dich stets wiegen,
in Glück; auch in der Not.

Wanderer [erkennt die Rettung.]:

Die Not ist groß und drücket
den Dolche in das Herz.
Doch Du bist's, die entzücket,
gibst Freude, nimmst den Schmerz!

Wanderer

Du liebes, liebstes Rebchen,
mein Leben, göttlich' Wein!
geloben will ich Sternchen,
will immer mit Dir sein!

Wanderer

Von jetzt an bis zum Ende,
zum letzten Atemzug,
und gute Sonne, schenke,
uns Kinder, nur genug!

Wanderer

Als Zeichen dieser Liebe,
als Zeichen allen Seins,
gib' dieser Kuss Dir Triebe,
und wir, wir seien Eins.

Wanderer

Es öffnet sich die Pforte,
es öffnet sich ein Tor,
verblasst des Waldes Worte,
verblasst des Waldes Chor.

*Wanderer [Beide schreiten durch das Tor; der Wald (Natura)
bleibt geschlagen zurück]:*

Der Wald, der ist geschlagen,
wir gehen Hand in Hand,
ab jetzt an allen Tagen,
der Zukunft zugewandt.

.:. Abendgesang

[Siebtes Bild. Faunus und Flora sind beglückt.]:

Faunus und Flora
Am Morgen wehte sanft der Wind,
weil Sorgen nicht Natura's Kind,
weil Ruhe und Gelassenheit,
sich nicht befanden sich im Streit.

Faunus und Flora
Doch jetzt, da Mutter sich vergaß
und nicht gewonnen hat den Spaß,
da ist es ruhig, leise, still,
die Vöglein zwitschern nicht mehr viel.

[Natura tritt hinzu. Faunus und Flora lächeln.]:

Natura

Dort liegt er, unser junger Held,
wie schön er ist, im golden Feld,
wie mutig er, doch stets bedacht
und tapfer sich gezeiget hat.

Natura

So lass' uns wecken, unser'n Held!
Als dass er sehen soll die Welt!
Die Welt, so friedlich und so fein,
von nun an glücklich soll er sein.

*[Faunus und Flora wecken den Träumenden auf. Sie flüstern,
tanzen, und berühren ihn sanft]:*

Natura, Faunus und Flora

From paradise, three things survived,
the flours, stars, and children, bright,

they are around, by night and day,
they sing for us, if far away.

Faunus und Flora [Flora küsst die rechte Wange]:

The flours laugh in prettiness,
in gorgeous color, fragrances,
they greet our' eyes, at every sight,
and say 'hello', when we are tight.

Natura, Faunus und Flora [Faunus küsst die linke Wange]:

The stars, they light on firmament,
and have their glance on every ant,
they shine, when sorrow, deeply grieved,
they give us hope, in golden shield.

Natura, Faunus und Flora [Faunus küsst die rechte Wange]:

> But children are the biggest joy,
> because we love, if still they cry,
> we care, if sorrows, greatest fears,
> with kisses, tenderness, and tears.

Natura, Faunus und Flora [Flora küsst die linke Wange]:

> And once, when old, we'll say 'Goodbye',
> then fairy lights will bloom aside,
> the stars illume the grave with sweet,
> and tell our' children, complete discreet:

> *Natura, Faunus und Flora*
> From paradise, three things survived,
> the flours, stars, and children, bright,
> they are around, by night and day,
> they sing for us, if far away.

Natura, Faunus und Flora [Sie gehen ab, doch drehen sich noch einmal um und singen Ihre letzte Strophe]:

Shush, shush! So quiet down! Allay!
New children see the light of day!
And tiny buds increase, quite terse,
New stars adorn in universe...

[Der Träumende wacht auf. Er ist allein und noch sichtlich benommen.]:

.:. Das Erwachen

[Achtes Bild. Aufwachen. Nachdenklich erinnert sich unser Held
sich einer gestrigen Sache...]:

Ein Glücklicher [langsam sprechend]:

Zum Schles'ger auf den hohen Stufen,
fühlt' ich gestern mich gerufen,
zu entkommen, Regenflut,
grau geblasen und voll Wut.

Ich trat dort ein, um halbe sechs,
total entspannt, und nicht gehetzt,
und suchte mit 'ner sachten Art,
'nen Tisch und Stuhl, und das apart.

Sie kam schnurstracks mit leisem Schritt',
und fragte, ob zu trinken hätt',
Ja, nein! Entrann' dem Munde fein:
Kaffee, ein Wasser und ein Wein!

Ich trank den lieblichen Kaffee,
das Wasser auch, und als ich geh',
da stoppte Regen, recht g'schwind,
Die Luft war mild, recht sanft der Wind.

Doch ging Sie mir nicht aus dem Sinn',
so kehrt' ich gern' noch einmal hin,
zu sehen, welches nette Wesen,
schwingt den schlesinger'schen Besen.

Sie war so schön, wie auch zuvor,
mit off'nen Augen, Lächeln pur,
mit hellem Haar und rotem Mund,
und hieß Annett', ich war ganz kund!

Sie lud mich zu 'nem Wein gern ein,
ein blaugrün' Trank, nur für uns zwei,
ein leichter Schluck, ein süsser Duft,
ich war ganz weg und ohne Luft!

Ich dacht', was kann ich mit Ihr reden?
Tanzen, Bücher, Musik, Schweden?
Reisen, Wetter, Kunst, Kosmetiks?
Potzblitz, das war's: wie geht es?!

Doch als ich wollt' die Sach' erkunden,
flugs und schnell Sie war verschwunden,
konnte selbst Adieu nicht sagen,
und auch keinen Blick' erfragen.

[Kurze Pause. Nachdenklich.]:

So werd' ich's wagen! Zuversicht!
Des Herzen's Feuer in mir spricht!
Mit etwas Mut, und viel mehr Glück,
krieg' ich vielleicht ein Ja zurück.

.:.

.∴.

.:.

Herstellung und Verlag: BoD - Books on Demand, Norderstedt
ISBN 978-3-7448-6991-1

MIX
Papier aus verantwortungsvollen Quellen
Paper from responsible sources
FSC® C105338